LuNeS

—Algún día iremos en Semana Santa al pueblo del abuelo y verás que hay muchos penitentes morados.

—¿Cuándo?, ¿cuándo?

Le encantan las procesiones, sobre todo, los tambores y las trompetas y el desfile de los legionarios; todo un mes estuvo «desfilando» por el pasillo a tamborazo limpio.

Ya le contaré que el morado significa la capacidad de inventar cosas, la creatividad; también el misterio y la sensibilidad y la fantasía.

Por eso, quizás el hada madrina de Cenicienta vista de morado.

A Félix, los lunes le gustan porque vuelve a clase con sus amigos y juega y aprende.

A Félix, los lunes no le gustan nada porque hay que madrugar para volver al colegio.

Los martes son rojos, como Marte, el puntito brillante que hay en el cielo.

–El coche de la abuela es rojo, ¿verdad? Y mi camión de bomberos de juguete.

–Sí, ¿te acuerdas de alguna comida roja?

–El picadillo de tomate es rojo. Me gusta mucho el picadillo.

–Es verdad; los tomates son muy rojos. ¿Alguna más?

–Las fresas, ¡ah!, y las cerezas. Ya no me acuerdo de más.

–Y esa fruta tan redonda y brillante que te gusta comer a bocados –el niño piensa
y piensa, pero no cae–. La manzana que la bruja le dio a la Bella Durmiente.

–¡Síii y las mapapolas también son rojas!

–Ja, ja, ja –rio el abuelo–. Amapolas, Félix, amapolas.

–Y la sandía, que no me acordaba y la capa de Superman.

–¡Claro! El rojo es el color de la fuerza y de la pasión.

—Y el muñequito ese que hace que nos paremos en los semáforos.

—Es cierto. El rojo es también el color del peligro.

—Es que, si cruzas en rojo, te pueden «tropellar».

—Mañana es el cumpleaños de papá. ¿Sabes de qué color van a ser las velas?

—Coloradas. ¡Anda si el rojo y el «colorao» son lo mismo! —el pequeño acaba de descubrir los sinónimos.

Y con su mano pequeñita comienza a dibujar un globo colorado, casi sin salirse de la raya.

Cerca, mamá se pinta los labios de rojo intenso y le suelta un sonoro beso en la mejilla. La huella del beso se queda en la piel como un tatuaje de amor.

Félix va al jardín y, tirado en el suelo, juega con una fila de mariquitas que muestran orgullosas sus puntitos negros en los caparazones rojos.

—¡Ay, me he pinchado! —Y una gotita de sangre roja se escapa del dedo.

Añil es el miércoles, hijo de Mercurio.

–¡Qué color más raro, abuelo! Yo no conozco nada añil.

El añil es como el azul, pero más oscuro.

–¡Mira!, ¿de qué color son mis pantalones vaqueros?

–No sé, ¿son añiles?

–Eso es, como el impermeable de la tita Macarena.

–¡Anda! Entonces los gorros de los tuaregs también.

–Tienes razón... y la piel de las golondrinas.

–Abuelo, ¿de qué color es la tinta de mi boli?

–Se parece mucho al color del agua del mar cuando anochece, ¿verdad? Pues es añil también.

Añil es sinónimo de creatividad, de imaginación. Es el color de la mente.

–Y del chaquetón con capucha del abuelo.

-Y de las moras. ¡Mmm, qué ricas!
-Y del pitufo gruñón cuando se enfada.

Miércoles

El jueves es azul, como el mar y el cielo en los días despejados.

-Azul es el genio de la lámpara.

-¡Abuelito! Agamena, la ballena de mi cuento, es azul, como las hortensias de la abuela.

-Hay muchas cosas azules: la lombarda...

-¡No me gusta! -interrumpe Félix.

-Vale, pues buscamos otra cosa: a ver... La camisa del pato Donald y el vestido de Cenicienta.

-¿La tierra es azul, abuelo?

—La tierra es de muchos colores, pero cuando se ve desde muy lejos...

—Como los astronautas...

—Eso es: ellos ven la tierra azul, puesto que la mayor parte de la tierra son mares y océanos que son de color...

—¡Azul!

Un color que inspira confianza y seriedad: el color de la limpieza.

—Y ¿por qué se llama «jueves»?

—Por Júpiter. ¿Sabes quién es?

—Es el puntito pequeño que alumbra de noche en el cielo.

—Sí, es el planeta más gordo de todos... y también era un dios de los romanos.

—Lo que no entiendo es por qué mamá dice que siempre estoy en medio como el jueves.

—Ja, ja, ja: porque el jueves es la mitad de la semana y tú... el centro del mundo.

¡Qué verde el viernes!

El verde es mi color preferido, el color de las hojas de los árboles y de la hierba.

Y el viernes es el día de Venus.

—Otro puntito del cielo, abu.

—¡Qué bien te sabes las lucecitas del cielo! Pero no se llama viernes por el planeta, sino por la diosa del amor.

—¿Estás «namorado», abuelo?

—Sí, Félix. El amor es el sentimiento más bonito y el más arrebatador y potente, aunque a veces duela un poquito.

—Yo estoy «namorao» de mamá.

Llenitos de amor nos ponemos a recordar más cosas verdes.

—Las ranitas, abuelo. ¡Ah! Y los aguacates, pero solo por dentro; por fuera son más feos.

—Los pepinos y el brócoli son también verdes. ¿Te acuerdas de algún personaje de tus cuentos que sea verde?

—¡Claro! Peter Pan —Félix piensa un rato hasta que recuerda otro—. ¡Y Shreck!

Suena un acorde en el teléfono del abuelo. Es un mensaje de WhatsApp con su logotipo verde.

—Félix, ¿sabes que el verde es el color de la salud y la naturaleza? Pero, sobre todo, es el color de la esperanza. Espero poder cuidarte ¡muchos años! Y que tú me sigas queriendo siempre tanto como ahora.

–Y yo espero, abuelo, que siempre tengas ganas y tiempo para jugar conmigo, en-
señarme ¡muuuchaass cosas!, abrazarme fuerte fuerte y hacerme cosquillas.

El sábado es de color naranja, como los calamares fritos y como Nemo, el pez.

Los leones y las jirafas son anaranjados.

Y la zanahoria y la calabaza de Halloween.

—Dime cosas de color naranja, Félix.

—Las pelotas de baloncesto del cole son naranjas con rayitas negras. ¡Abuelo, abuelo! ¡Las naranjas son de color naranja! Y las «marandinas» —creo que lo dice mal adrede.

Los sábados son guays; dos días enteros por delante para jugar.

Se llama «sábado» por el dios Saturno.

—¿Todos los días se llaman así por un planeta?

SÁBADO

—Sí: los romanos, unos señores muy antiguos, llamaron así a los días de la semana por los nombres de sus dioses, que eran también nombres de cuerpos del cielo.

—¿Cuerpos del cielo?

—Sí, Félix. En el cielo hay muchísimos más mundos que los puntitos que vemos.

—Para los Reyes me voy a pedir un telescopio bien grande. Me gusta que el sábado sea naranja, abuelo.

Félix es todo entusiasmo, energía, vitalidad: es «todo naranja».

En domingo brilla el amarillo del Sol; por eso, los domingos son... amarillos.

El color amarillo es el color de la alegría y de la fuerza; de la felicidad. También del oro; de la riqueza.

–Hay un montón de cosas amarillas, abuelo.

–Dímelas.

–Los pollitos, los limones, los plátanos que no están verdes y las patatas fritas. Winnie the Pooh tiene el cuerpo amarillo y las margaritas son amarillas y blancas.

–¿De qué color es mi saxofón?

–Tututútú. Es amarillo dorado. Me gusta mucho cuando me tocas canciones con él.

–Los girasoles del campo son amarillos, Félix, y se giran para mirar siempre al sol.

—La abuela tiene dos girasoles en la terraza y dice que van a dar pipas.

—Pero los niños pequeños no podéis comer pipas; os podéis atragantar y poner muy malitos.

—Una vez probé una y estaba muy rica.

—Cuando seas mayor.

—¡Jopé! ¡Todo cuando sea más mayor! Es una lata ser pequeño. ¡Quiero crecer y tener ya por lo menos siete años!

—No tengas prisa por crecer y disfruta. ¡Quita esos morros de enfado!

—Vale, pero solo si vemos juntos una peli de la Abeja Maya, ¡que tiene rayitas amarillas!

¿No hay días rosas, abuelo? A mí me gusta mucho el color rosa.

El rosa es el color de la infancia y de la dulzura, de los inocentes como tú.

–Claro que sí, Félix; hay días de muchos colores. Hay días blancos y puñeteros días muy negros. Hay días marrones y grises… y, por supuesto, días de color rosa.

–Pero el rosa es más bonito –continuó Félix–. Los cerditos son rosas, y las rosas rosas y los chicles y el pintalabios flojito de mamá. ¡Tenemos que poner otro día más de la semana de color rosa!

–Y ¿cómo lo llamamos?

–Pues lo vamos a llamar «Rosiernes»…, pero ese día tampoco hay cole, para poder jugar contigo y que me cuentes cuentos, ¿vale?

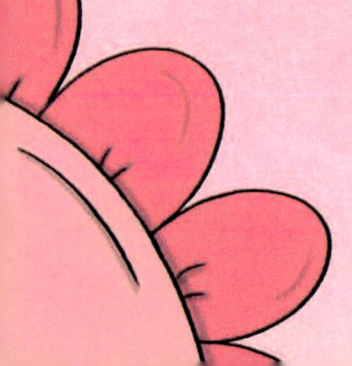

© Francisco Jesús Martos Gamiz (de la obra)
©Apuleyo Ediciones (de esta edición)
Primera edición en Apuleyo Ediciones: noviembre 2024
Diseño de cubierta: Sofía Corzo González
Corrección: Aitor Andreu Guerrero
Maquetación: Ernesto Pérez Martínez
Ilustraciones: JS
Coordinación editorial: Isidoro Cidre González
info@apuleyoediciones.com
www.apuleyoediciones.com
ISBN: 978-84-1060-235-9
Depósito legal: H 217-2024

Hecho e impreso en España.

DE QUÉ COLOR ES HOY

APULEYO EDICIONES   FOMENTO DE VALORES   CUENTOS ILUSTRADOS

Francisco Jesús Martos Gámiz

APULEYO EDICIONES   FOMENTO DE VALORES   CUENTOS ILUSTRADOS

El lunes es violeta.

Los lunes son los bebés de la Luna.

La Luna es plateada, pero los lunes son violetas... o morados.

—¿Es lo mismo morado que violeta, abuelo?

—Casi igual. El morado está a medio camino del rojo. Pero para no liarnos, sí, son casi lo mismo.

—Es un color raro. No me acuerdo de nada que sea de color violeta.

—Las berenjenas son moradas.

—¿Eso es morado? Ya me acuerdo de algo: Tinky Wimky es morado y tiene un patinete más chulo que el de papá.

Para Félix que, aunque aún no lo sabe,
despierta y juega cada lunes,
se despereza (y juega) los martes,
come y juguetea miércoles y jueves,
se divierte los viernes,
se amodorra el sábado y descansa los domingos.
Y, cada día, sus ojos se llenan con todos los colores de la vida.